Умберто Фјори
ГОВОРИТИ ЗИДУ

I0151783

Библиотека
УСПОН
Књига 2

Уредник
НОВИЦА ТАДИЋ

На корицама
Marco Petrus
Deposito

УМБЕРТО ФЈОРИ

ГОВОРИТИ ЗИДУ

Избор и превод са италијанског
ДЕЈАН ИЛИЋ

РАД

као да неко йочиње да йрича са кућама
(Хераклит)

ПРИМЕРИ

ПРИМЕРИ

Као у возу
на деоницама са тунелима:
свежина, онда наједном светло заслепи
и тама, светло, тама
и светло наново, и одмах
тама светло и даље, тама. Чак ни времена
да се погледа, заволи нешто.

После, кад будемо далеко,
од читавог овог биоскопа
шта ће нам на крају остати у глави?
Низ примера, серија
фасада зграда, брзих и озбиљних.

Ту су, ове зграде,
као објашњења
која деца траже и потом
никад не саслушају.

ПУТНИК

Један скок, и већ си у аутобусу.
Уоколо зидови круже, крећу се
док овде, спуштене главе, мирни и тихи
људи су замишљени.

Дигнуте главе у средини
стојиш, при сваком те коченьу
одбаце напред,
притисну
уз ново седиште.

Сви су ти на врату, ту унутра,
али су отишли. Осећаш како изостају
и осећаш да изостајеш
скупа с њима. Не могу те видети,
ти не можеш видети њих. Само, очима,
надзиреш изразе које у пролазу
праве, једна по једна, њихове зграде.

ТЕМЕЉ

Испрва је ту била зараван, травњак
стешњен између две зграде. Онда се тамо
радило. Било је већ све откривено,
до саме подлоге.

А опет около подижу четири табле
иако је унутра празно, нема ничег.
Раде тако, као што се покрива мртвац
на месту удеса.

Земља је била тамо, непокретна
под сунцем, на дну ископа.
Пролазећи у журби,
кроз рупе људи су осматрали.

ДНЕВНИ БОРАВАК

Понекад док
се прича, ухвати вас
страх да погледате друге. Страх
да нећете видети ништа: овај диван
и руку на рукохвату, кваку
и шаку на њој.

Јави се тада готово
сањив
и болан израз,
као кад у парку два пса
остану везана. Као они
гледате уоколо, у даљину.

Одлично се људи
виде у соби.
Нема их, где јесу.
Не говоре,
то што говоре.

ЈАВНИ ПРЕВОЗ

Док смо прелазили с асфалта
на калдрму
окна су се тресла,
чуо си како, испод, точкови
подрхтавају. Личило је на несрећу,
међутим ништа озбиљно:
ко седи, ко стоји. Потом
на одређеној станици
сви сиђоше. Празан аутобус
затвара врата, одлази.

На окуци
сам се ухватио за другу шипку,
осетио сам како је млака
под прстима
као глава новорођенчета.

ВРТ

Овде по лејама
испод дрвећа
трче пси.
Потом тишина, нико.
Онда ове три клупе на сунцу
и жбунови пуни цветова
дају се видети какви јесу.

Светли, јесу, и постају
све светлији.
И биљке: светле лист по лист.
А сенке у трави тачне,
и на стазама каменови, један по један,
саздани тако, исто тако,
и све прецизнији, док одједном
не почну да личе ни на шта:
има их, овде су доиста.
Осети се тад све спасење,
сва опасност.

И остаје се
тамо, и стоји, скрштених
руку. Бива се као у лифту
с неким, господином,
за пар спратова.

ИМЕ

Као што дете на тргу
док је још свѐтло у висини
види како тама, ту уоколо, заодева
ствари, и остаје да седи на трави
где се играло читав дан,
додирује топлу земљу
и гледа, и слуша,
од овог гласа што ме треба
и наставља да ме зове,
учим шта значи
имати име,
налазити се овде,
на местима која нас држе
и штеде.

ЗАСТОЈ

Воз касни
и не помера се, не полази.

Сунце је готово зашло
али већ сија, с друге стране,
као да све ово светло што долази
одају четири зграде.

ПОЛАСЦИ

Док зграда преко пута
одражава
зграду преко пута,
у анатомским наслоњачама
терминала
човек слуша
људе како једни другима
дају за право.

И остаје очаран: миран остаје,
као у тањирима на столу
мало хлеба, лист један,
залогај по бонтону.

ЗАОБИЛАЗНИЦА

Једна нижа једна бела, виша,
друга сва у терасама, зграде промичу
одблеснуте у каналу
као реченица која каже: ствари стоје
тако и тако.

Светло што сија
дуж низова који се укрштају
горе и доле на покретним степеницама
сева и на травњацима,
на депонијама.

Дан је. Вече.
Поново пада киша.
Али човек би хтео да на крају сазна
где је грешка
а где заслуга,

јер ово би хтео: да му хиљаду,
десет хиљада пута дају за право,
да чује све најбоље о себи,
док год схвата
и жели,

а онда да му коначно
одлутају мисли,
да пређе на друго, да оде где живе

гомиле шљунка, зидови,
живице, бране.

Да их досегне, буде са њима.
А не као сада, овде,
кад су ти при руци, а фале ти,
имаш их пред собом
а још их не видиш.

РАСТ

Већи од свега је поглед,
али зграде су веће. Увече на ћошку
крај обасјаних прагова прозора
осетиш како се мисао шири,
како расте, као на образима
залогај детету што не гута,
као што лице расте у цркви
испод руку причесникâ.

ОКРЕТНИЦА

Једно вече, у аутобусу заустављеном
на мрачном тргу окретнице
били су само возач
и један путник.

Беху тамо као на раскршћима
у ниши
девица с дететом
без намерникâ и сиромахâ.

Стабла, стубови, клупе,
све је попут њих било мирно,
мирно и наблизу. Требало је да време прође.

Из темељâ нових зграда
ницале су травке и цветови
као из рушевина.

СТАНОВНИЦИ

У висини сунце
и доле дим што се диже,
трг, зидови у сенци: навика.
Иза последње зграде
јутрос су изгледале
сувише близу и голе, планине.

Одмах иза угла,
осетио се терет путника
што су ускочили у аутобус.
Кроз искре праскавог гаса
стизао је с друге стране асфалта
мирис блата.

Одувек смо овде.
Понекад, међутим, изгледа нам
да се још нисмо
скрасили. Тако, док идемо на посао,
обузме нас страх
кад осетимо колико је тврда, колико чврста,
земља под ногама.

МИСЛИ И СПОМЕНИЦИ

Понекад се јави
расејаност
какву у очима имају анђели,
док гледамо улице што одмичу,
путујемо
привијени уз исту шипку.

У возу, или у аутобусу,
понекад видимо
у гомили,
неко се занео.
Напољу стабла промичу,
људи га заобилазе
а он стоји тамо
утонуо у своју мисао.

Кад подигне очи
и види да су га видели
намешта сако, гледа на сат,
ставља руке у џеп.
Јер оно што има у себи,
далеко је и скривено,
па ипак остаје ту пред свима,
на тргу, као споменик.

АЛАРМ

Усред ноћи
над авенијама завија аларм.
Стаје, и потом понавља
два оштра тона, страшна, бесно
као дете кад се игра.
У висини, на тамним зидовима зграда
прозори се отварају, пале.

Сем улице
кроз грање, пусте,
ништа се не види.
Људи навлаче завесе
и остају око овог писка
као што се бива у пољу
око ватре.

ТАКО

Људи што седе
природно, мирно, испод кипа
што поздравља, и зграде позади
праве, пуне светла:
кад се то види у овом часу, кад се види
како је у реду, и види добро како не може
бити другачије, бити погрешно,
тад наступи празнина.

Све је вани.
Ништа, нико не чује овај удар,
изнутра, земљотреса.

БАЛКОН

Док поспремаш балкон
сетиш се света,
истуриш главу и видиш
небо, кровове,
улицу, камион, бршљан,
све ствари
при руци.

Гледаш ово складиште,
и осећаш спокојство:
постајеш глув, глув као топ.
Ни куцање срца не чујеш више.

Али за то време кружи
у овоме миру, и трза се,
помера, и трза и даље мисао,
као у парковима
цело поподне
моторна косилица.

ОВДЕ

Стајати, смејати се, спавати,
хоћу рећи кретати се, јурити,
то се може. Али се не може умаћи
ономе што нас одводи
и доводи овде где смо увек, на место
где се места налазе, овде где
је нешто важно.

А овде се бива, као пас
остављен у затвореним колима
на сунцу, на безмало празном тргу,
као животиња што на свако *крц* на шљунку
ћули уши, и задрхти већ од шума
корака, у даљини, или смеха.

Покушавам да мислим, расуђујем већ,
док у себи чујем како ми цела глава лаје.

ПЕШАК

Мишљење плаши. Плаши
одвајање од света, оставити
свет – овај, што нас држи –
да би био пред нама.

Циркулишемо
у једној присној сцени:
облаци, зидови, стабла; али не можемо
да их загрлимо, схватимо до краја.
Далеко смо од правих ствари
које су око нас.
Правимо грешку.

Па ипак, понекад неко добро уочи
своју грешку, њену природу саму,
чује је како прича и како се креће
у њему, и прецизан глас који има.

ДРУГА РАСПРАВА

Кад се двоје расправљају
и стигну до суштине проблема
и једно преврће очима, тресе се,
друго се осврће око себе и
склапа руке, као да иште помоћ,
и извикују чињенице, и доказе,
повисују глас, прозивају се,
– али нема ничег, никог ко би пресудио
у нечију корист –
баш тада, кад су тако далеко,
поново им се јави чудо:
да је соба једна,
да је исти
сто о који лупају.

ПОЗНАНИЦИ

Жути сигнал
блинка на раскрсници.
Залази сунце. Једна по једна
улице се отварају
и одлазе.
Престаје ветар. Киша
почиње да куцка.

Сва радост што
је без разлога
отишла,
враћа се без разлога
из ничега, начас,
и ни пред киме
овенчава те славом
и збуњује.

Као кад
стешњени сред гомиле
што гледа напред
док аутобус иде
чујете како вас неко зове
по имену и презимену.

Почињу празници, питања.
Као из топа, рафално,
салећу вас обзири.

Касније, чим поново
останете сами у гужви,
осетите терет на себи.
Као да сте крунисани.

Осетите како вам отпозади вири
сенка, празнина,
као што деци
вире рогови
на групним фотографијама.

РАДНО ВРЕМЕ

Кад се заврши посао,
не иде се у шетњу.
Од околног шума, гласови
се једва разумеју.

Пола сата, сат,
потом се улице празне,
бифе се затвара, људи
су већ нестали.

Међутим, тада се види
како ништа не покрива зграде,
и ноћу и дању
пред свима
како остају голе.

ПЕЈЗАЖ

Не ово светло
на инценератору,
не ове зграде огромне
и све у ивицама:
твоја казна су тренуци
кад осетиш како крв тече
као наопако,
а застао си на ћошку
и гледаш пејзаж како ти измиче,
прилази, сија и понестаје
као у огледалцу ретровизора.

ИСКОП

У висини круже кранови
а испод је врева сирена,
али ова рупа
коју буше између зграда
налик је у природи усахлим потоцима,
мирним.

Сад земљиште
кад се погледа цело
одозго, са шестог, седмог спрата,
велики је угашени кратер.
Плаши то колико светлости,
колико ветра садржи.

Месецима ће у овом огромном позоришту
из свег гласа извикивати мере.
Потом ће целу празнину сцене
покрити бетон и стакло
и са балкона – ко и даље буде гледао –
махнуће пешкиром.

ИДУЋА СЕДМИЦА

Други ваздух
кад се заврши посао
и пре но што стигнеш кући,
читав сат.
Звоне интерфони,
саобраћај гусне:
све тек треба да се догоди.

Ако сред галаме,
тек што су изашли из кафеа,
двоје што пролазе причају о вечери
која ће можда напокон уследити
идуће седмице;
ако застанеш са њима на семафору
слушајући их како се присећају
имена пријатеља, једно
па онда друго, одмах,
рафално, као да се надмећу,
не знаш више шта да радиш
ту у гужви, с теретом
свих ових обећања.

ЈАВЉАЊЕ

Високе изнад заобилазнице, светле,
две зграде и између њих хангар.
Јављање је ово,
али се нема шта благовестити.

Па ипак, већ тиме што их видиш
непомичне, праве пред сунцем,
зидови те теше
више од ма које речи.

Парапети, ограде,
степеништа, стубови, корнише:
баш све изгледа као да ће
неко заиста остати овде.

ПЕСМА

Шта треба радити?
Шта се може радити?

Пре свега
треба поздрављати људе,
гледати их у очи, и кад поздраве
не жалити труда,
одговорити лепо на поздрав
сваки пут. Све функционише
на тај начин: чак и зграде – зар не видиш? –
остају усправљене као чудом,
из чистог васпитања.

ОВО

Добар ваља бити: јер је
добро једино добро.
Бити искрен, треба.
Треба живети као што треба.
И треба требати.

У средишту блока,
огледнут у своме огледалу лифт
се пење, празан.

ЗЕМЉА

У шест изјутра, док притискаш
дугме за приземље
а глава, већ уморна,
наставља да сања, знаш добро
да, пошто си урадио све што
је требало урадити, ни овде
ни у неком рају нема награде.

Али доле, кад се отворе
врата лифта,
ено ствари̑, тамо вани, лепе и чисте
у раној светлости. Ствари
се раде како треба. Ствари су
као што јесу, а теби то личи на љубав.

Прати те добри поглед
слепога зида или надвожњака
док ходаш. То је твоја казна,
твоја награда и твоје једино друштво.

НАЛЕТ ВЕТРА

Дрво испод скела
мења боју,
почиње да подрхтава
лист по лист
са ветром, и тек сада
схватам
да сам га гледао:
као кад у хору
међу толиким лицима у низу
видим једно
како исту ствар пева.

СЛАГАЊЕ

Кад се на крају расправе
после много приче
и објашњења сложите,
није лако још једанпут
погледати се у очи,
поздравити, отићи
свако на своју страну.

Кад разговор престане,
јер сте се разумели,
није лако, онда, оставити
другог, вратити се кући
с теретом целе хармоније.

ЗИД

У одређено време
изнад бензинске станице
голи зид упали се
и стоји на плаветнилу
као месец.

У неком тренутку човек
се доиста настани овде,
и гледа у лице ове зграде, и научи
да буде на свету,
научи да говори зиду.

Научи језик,
слуша људе око себе.
Почне да види ово место,
да осећа
у јасноћи говора
светлост овог зида.

СЦЕНА

Кад ти се око шест поподне
у некој већ осенченој улици
деси да подигнеш
главу, и спазиш
изнад стабала
високе спратове зграда
још увек обасјане, светле, топле,
застанеш да погледаш.

Зграде виде сунце:
не знаш како да оставиш
ову сцену.
Не умеш да искажеш ово добро.
Не умеш да искажеш празнину,
бол који се јави.

У чему је ствар? Хтео би да си
на једном од оних балкона
тамо на врху, и да светло које видиш
осетиш директно на себи?
Не, није то.
Напротив, већ су превише
и одавде, издалека,
тако живи зидови, тако јасни
у својој визији.

Зграде виде сунце.
Док пролазимо, гледамо
зграде на сунцу
као што дете
у очима оног ко
га држи за руку
следи дуге и озбиљне
речи, које неко
говори, спреда.

ВОЗ

IV

Али како се излази одавде?
Шта нас може избавити
из овог погледа?

Кад се прође мост,
прођу последње куће,
има света и даље.

И на врху ових планина
или удно поља, преко пруге, на реци
и на отвореном мору, на пучини,
има света још. И тамо
су ствари истините.

Ено: ствари.
Где све нестаје и изостаје,
оне остају. Дају се
чути и видети.
Стварне су, ствари, и биће стварне:
због овог обећања и сада,
скривене у своме мраку,
чак и док промичу,
изгледају ти драге и добре.

Пратиш их и мислиш: ништа
не траје тако.
Ништа. Сем, док гледаш,
овог страха
што се сваки пут јави
кад не схватиш
тамо напољу, до чега доиста држи,
шта од нас хоће, истина.

ОБЈАШЊЕЊА

БИТИ

Понекад у некој мирној
улици, у засенку,
види се где смо,
шта нас држи.

Паркинг је ово, овде,
није место.
Магацин,
нека врста складишта.

Све наблизу:
велике ствари
и безначајне
лакат уз лакат.

Бива се са небом, овде,
и са земљом,
као на улици тањири
са фрижидером
и фикусима
за време селидбе.

ИСПУПЧЕЊЕ

Врата трескају,
низ степениште, кључеви
се окрећу у бравама.
Вани је ведро.
Причају, на улици.

Дрвеће, гласови, куће:
сваки је трен зарањање
при рођењу.
Сваки мирис, свака сенка,
изгледа ти велика.

Понекад, док пролазиш тргом,
осетиш напрасно да ти је
глава празна. Истину
видиш како се троши,
како се расипа.

Док одлази
лепо је бити сам.
Одиже се а ти летиш.
У дашцима, у таласима,
празнина те салеће.

Осећаш ли како ти измиче између ногу
и поздравља те, истина.
Као док смо били деца,
ухваћени за седишта, кад ауто
пређе испупчење на путу.

ЛОШЕ СХВАТИТИ

Човек би хтео да га нико лоше
не схвати.
      Хтео би да оно што каже
никада не буде збркано,
страно, или тешко.

Као сви
да се израalready изрази, као што је обичај.

Бројке
откуцане удно листа
поред речи *свежа*:
тако јасно.

      Да буде разговетан
као ови лепи дани.

ДРУШТВО

У време за вечеру,
док су се остали комешали
у дневној соби, кухињи,
уместо да помогнем
изишао сам на балкон,
на свеж ваздух.
Видик је пуцао.

Још увек сам их добро чуо иза себе
како се зову, смеју;
али, одједном, осетих да ми фале.
Беху даљи од зграда
с друге стране заравни
– шест, седам у низу –
са свим светлима упаљеним.

А, ипак, управо сада кад их више
нисам видео, прилазили су. У знацима
дуж пруге, у жутој трави,
у слепом зиду, препознавао сам их.

Осећао сам, сада, да су они – иза мене –
саздани од теста света,
чврстог, светлог. А ја, ни од чега.

Ништа: исклизнуће
између препуне собе и хоризонта.

НА ЧАСУ

Има дана кад свет игра,
као да је све изнутра
– живице, фасаде –
саздано од ватре.
С прозора
улица подрхтава.
Глава се пуни таласима.

Шта је овде стављено
на коцку
не знамо. Кад неко изостане
шта се губи није јасно,
али тако је известан,
и толико већи од нас,
тако истинит, и дубок, овај страх
у нама,
да ћемо од њега
морати да научимо нешто.

Желео бих да седим мирно,
као добар ђак;
да га слушам и пустим
да ме помилује
кад прође кроз разред.

Желео бих да уз осмех пратим
његово расуђивање,
разговетно и страшно;

са свеском и хемијском
– равно до самога дна ствари̂.

У основи свега, у мркломе мраку,
да учим, да рачунам,
хватам белешке.

НА УЛИЦИ

Ако се на углу нека госпођа
– или макар позорник –
окрене
лица упалог од сунца
у дивном дану
и проговори – баш мени,
овде, о поштовању које се изгубило
или о врућини,
осетим како се губим, као светац
кад га окрзне вечност.

Осећам како биљке расту, осећам како земља
кружи. Све ми изгледа јако и светло, све
тек треба да се догоди.

ЧИЊЕНИЦЕ

Кад се увере
да причаш којешта,
људи те прекину, пусте
посебан глас,
из самога грла, пригушен, да осетиш
како је строга, истина.

Да им удовољиш
престанеш да причаш,
признаш пораз.

Али ако се нагнеш и угледаш
– беле, тамо у дну –
последње зграде
и планине – плаве –
како се дотичу,
тада заиста
занемиш.

Изгледа ти као да
никада у животу
ниси отворио уста.

БИЛО КО

Кад – тако причајући о свему и свачему –
прелазимо с једне теме на другу и стигнемо
до једине, и заиста се
напор исплати; кад дођемо до краја
и напокон се приближи
тренутак да се пређе на ствар,
а они пред тобом
не чују
и причају ти скоро као што би било ко
причао било коме,
лепо је остати ту
с чашом у руци, а не бити
заиста присутан,
и не знати више како је
бити неко.

Гледаш изван бара,
иза окана,
пуни трг
и хтео би да заувек будеш
ова гомила света.
Не одвајати се више,
остати заједно.

Док пада мрак и затим поново свиће,
док пролазе месеци,
године, живот,
бити попут рођака̂ за столом
ресторана, на ручку поводом крштења.

ОБЈАШЊЕЊА

Кад неко ко је узео реч
у расправи, у једном тренутку
док заступа своју тезу (али брзо,
пре но што га прекину)
зачује да други прасне: "*Али ѿи
ѿо кажеш!*" –
више не уме да настави. Прича се
увек сувише
и никада довољно.

Најздном му се укажу празнина
и надменост
властитог присуства.
Испод столице, испод пода,
доле, у корену,
ништа му је зинуло.

И сада сва та објашњења
долазе одатле.
Његов је глас, ово. И још он
говори то што говори.

ВИЗИЈЕ

Излози, аутомобили:
све је тако глатко, тако сјајно.
Људи на улици,
чим могу, огледну се.

Али изван, на окретницама
где се завршава град
и даље, у пољима, сред зеленила,
само се ствари виде.

У сувом муљу или тамо горе, у каблу
високог напона, човек
је без одраза. Изостаје, губи се.

Јави се онда страх
да се не појави напрасно. Као деци,
у подруму, ђаво.

РАЗГОВОРИ

Напорно је причати
са људима:
стално се објашњавати, понављати,
стављати се на њихово место.
И шта се тиме
на крају добије?
Није лако, с људима.
Треба стално почињати изнова,
разјашњавати, питати, одговарати,
а да никада нисте сигурни
да вам је оно што хоћете да кажете
заиста дошло.

И, како то дошло – где?
У главама
је мрак, приступа немамо.
Једно наспрам другог
виримо у бунар без дна.

Сваки пут нас дозива, сва та празнина,
треба нас. А ми избацујемо фразе.

Изрећи тих пар ствари,
међу људима –
што вам је важније
то је теже.

Понекад стојимо пред њима
као рођаци на гробљу
с цвећем у рукама
пред надгробним каменом,
фотографијама.

ПАСТИР

Док овде унутра вичу, расправљају,
балконска врата се отварају
ка уличној буци. Три зграде
су тамо, изнад моста,
лепе као поздрав.

Само на њих ја пазим
овде, скрштених руку,
с оком пастира
што издалека броји своје овце.

ТЕЛЕФОНСКИ РАЗГОВОР

Кад сам опазио да је убеђен
– искрено – да се слаже са мном
(хтео је, штавише, да разумем боље
оно што сам мислио), а у ствари
схватио је лоше, лоше, управо
једну ствар уместо друге,
кад сам видео да је бескорисно
још се објашњавати,
пропао сам:
као кад светлост наједном оде
и гласови у соби
постану јаснији.

Две, три реченице прекинуте,
неколико кратких уздаха – потом
више нико не проговара.

Далеко, у дубини таме уха,
веза је трајала: чуле су се
жице како пуцкетају.

Обојица с телефоном у руци,
с једне и друге стране стајали смо
повијени над неспоразумом
као над пламеном огњишта.

БРЕМЕ

Кад поново помислимо на аргументе
викнуте у лице, на реченице
пресечене напола
или – још горе – потпуно прескочене,
осетимо нешто као бреме. И вечерас
свако је рекао своје,
а да нико потом,
на крају,
није успео да ишта објасни.

Али само ко је заиста говорио
може заиста бити лоше схваћен.

СВИ

СТАНИЦА

Има један средњи појас
иза кривине надвожњака,
мртва тачка
између великог излога са лустерима
и поља где купине и лијане пужу
крцате пупољцима
ка прашини.

Тамо ће нас једнога дана нашег живота
аутобуси одвести.

ЛЕТ

Летњих вечери, кад је трпеза
постављена напољу
и тек мркне а ваздух постаје електричан,
мирише на земљу и на олују,
(још не пада киша али грми, у даљини)
понекад осетим на коси
и на ушима
два, три блага додира.
Стољак је већ црн
од летећих мрава.

Нешто ме стегне у стомаку кад их видим
– још увек помамљене
од свог лета – како пливају у чаши,
издишу на грожђу.

Тако сам падао и ја
према својим тридесетим
са облакâ
међу праве људе.

ГОДИНЕ

А минуле године,
нешто као кад
упадну лопови:
све је проваљено,
испреметано, отворено.
Више је светла, собе су
пространије.

Јуримо из спаваће собе
у трпезарију, од ормара
до сталаже. Свет је зинуо
иза главе.

То је као имати само
леђа,
бити потиљак, плећа, лактови.

ПОВРАТАК

По повратку с дугог путовања
подигао сам очи
и ви сте ми се указале,
драге фасаде. Биле сте стварније
и много више но стварне, кад сам вас
угледао изнад живог саобраћаја булевара
или удно прокопа
како држите
светлост свих ових дана.

БУЂЕЊЕ

Разговори, мириси,
људи колају, светло, авеније: ствари су
изгледале толико исто као да их
никада нисте видели.

Кроз мир што је владао одједном бих
отворио очи
не схватајући добро; као дете
заспало у путу
кад се напокон стигне,
а свет стоји под
месецом:
тамо чека, као било где.

JACЛИЦЕ

Трка, хладноћа, напор, тама,
од јутра до мрака: све
напразно, све траћење.

Али млако сукљање
теретњака, што рашчешљава живицу,
или миш што ускаче у канал,
остајали су заувек ту
као овце и воденица
на маховини
божићних јаслица.

УДАРЦИ

Понекад бисмо осетили
први дрхтај, чинило се да смо угледали
– тамо доле, иза клупа – како се пламен
пропиње, куће нагињу,
плех надима. Међутим, ништа:
потреси, гуркања лактом; никада завршни
ударац.

Празнио ме је, испуњавао,
од главе до пете
свакога трена, свакога корака,
страховити налет који
није пристизао.

Између излогâ
и лактова људи
био сам скривен као удес
који тек треба да се догоди.

СТОЛПНИК

Било је то као пливати
на пучини,
наједном, усред масе медуза.

Жестином свеца, испосника
што у пустињи, на врху стуба,
извикује своје визије,
своје молитве,
ја сам се захваљивао, говорио добро вече,
молио да прођем, за извињење.

ТРКА

Пошто сам лутао неких пола сата
по читавој окретници,
напола ослепљен
свим тим светлом
и без гласа од упорних клетви
упућених
и поласцима и доласцима,
улици, времену, животу и целоме свету,
напокон, испод једног паноа
зауставио сам се.

Слушао сам како ми зависm надолази,
зграде моје, док сам гледао горе
како се са сунцем у лицу
смејете као девојчице.

МРАК

Усред дана, притешњен између касе
и рафа да бих направио места, осетих
како пада мрак
по називима ликера и слаткиша,
и чух људе како се накашљавају другоме у лице,
машу рукама, напипавају: осетих како сија,
мрак у мраку,
оно што ћемо свакога часа
повредити.

ОТИСАК

Као кад су ми једне ноћи
показали на кревет
и рекли: ево, ово је твој.

Захвалио сам се,
померио јорган. Испод је био
отисак на чаршаву,
таман,
савршен: глава, труп, ноге, руке
као осенчени графитом,
од терета улегли у душек
и јастук. Помислих на човека
што кредом оцртава
унесрећеног.

Као што шраф леже
у навој, опружио сам се
у облик свих
и једног ока отвореног
заспао.

ОТМИЦА

Пред најбезазленијом шалом, пред
најнедужнијим мишљењем
заустављао сам дисање, као талац
што иза зида мисли да чује,
начас, како они који га држе
заточеног у мраку
причају о откупу. Потом, више ништа:
звецкање шерпи
као у тај час у свим кућама.

СИГНАЛИ

Одвећ густа граја чворака;
светлост што се изменила, на зиду
зграде преко пута;
или двапут окренут кључ, низ степенице,
температура, саобраћај:
није било ничег на свету што не би личило
на сигнал.

Напети се требало је, схватити боље:
као ноћу у болници
рођак у фотељи, кад га пробуде
усред сна
кркљаји самртника.

МОНСТРУМИ

Кад бих из трамваја, у булевару, спазио
себе огледнутог у неком излогу
између штапова за голф
и златних сандала, сомота,
поново бих видео:
био сам било ко.

Барем је ово
требало да ме веже
за моје ближње
одблеснуте тамо попут мене:
чак и монструма, коначно,
нешто везује за друге монструме.
Међутим, није било места,
боје, призвука, макар гадости,
која би нас држала скупа.

Ништа, чак ни зло
што је у свима говорило
није било наше.

НИШТАВИЛО

Иза сваког корака, трг је
пропадао. Под најсветлијим небом,
у ветровитом дану, био сам стиснут
као у мртвачком сандуку.

Сваког тренутка
свет ме је стезао: ја сам испуштао
уобичајени јаук,
као у дечијој руци надувени
трбух
гумене жирафе.

Видели су то људи: ја сам био
отров што трује ствари,
и узима им живот: у мом је
гласу била
кривица за њихово ништавило.

ГОДИШЊА ДОБА

Нисам више био ни са ким; али самог
никако ме нису пуштали. Где год ишао,
све сам их на врату носио.

Сахранили су ме. Осећао сам како ми главу
притискају разговори, погледи, лица,
као неки велики црни одрон.

Сваког трена био сам на граници
да пукнем, као у пролеће,
под земљом, семе.

ТВРЂАВА

Као у планини
дуж пристранка шумовитог, меканог,
бразда вододерине:
између стакала што су изјутра и увече
у одласку и повратку сијала,
након широке окуке, у једној тачки,
била је тврђава од бетона.

Како је само чист човек,
и како учен
морао да постане,
да би сваки пут прошао
и поново угледао
с искреном љубављу тај зид.

ПОГЛЕД

Са сунцем, једнога јутра, видех како
вас је ваша снага зауставила,
зграде моје.
Ви не идете нигде.

Остајете овде, на дохват руке,
али гледате у даљину,
скроз, тамо доле, где сте
заиста утемељене.

ДВЕ ЗГРАДЕ

На тргу, једно поподне, свеж асфалт
пушио се испод дрвећа.
Пред тим морем црнила застао
сам да предахнем.

У том часу, изнад врхова платана,
где се губила сенка, у висини,
две зграде запеваше.

И тада видех како је одстојање,
на ком беху тако јасне,
било велико,
како је било свето.

ВРЕМЕ

Управо кад сам престао
да схватам, кад су ми чак и
кожа седишта испод мене
или моја шака
одблеснута у прозору
изгледали сувише далеко,
управо док је закашњење постајало
тако озбиљно
да ми се чинило да већ видим ствари
са стране краја:
управо тада чуо сам како ми време
из поворке нових зграда
прича на италијанском
као мајка
свом најмлађем детету.

Док су се аутомобили на зачељу
поново покретали
чуо сам га како лепо објашњава ствари
једну по једну, смирено,
како се кажу,
и за сваку реч
налази нежно лице
и говори ми: браво.

ЈЕДАН ЛИК

У одређеној тачки нашег живота
у некој трпезарији,
кад су расправе окончане
и на празном послужавнику светли
залогај преостао по бонтону,
човек се осврне око себе
и по први пут зна да очи,
нос, глас може имати,
зна које му реченице
могу доиста стати у уста.

Из највластитијег лика, док
га слуша, тада, чује како расте
нека бесконачна сличност.

ОСТРВО

Као што кроз папрат и махагоније
усред шуме
форма позоришта, или трга,
посматра експедицију: тако ме гледа
– са булевара, дополи заклоњено,
кроз заустављене аутомобиле –
острво између саобраћајних трака.

У мојој глави – сасвим на дну,
испод сумњи, убеђења,
најтајнијих немира – постоји ова ливада,
изгажена и гола,
ово јавно зеленило.

*

Доле, између плаката
и точкова камиона,
сцена је празна:
стакло, новине, грање;
али понекад – као сада – оживи:
улазе пас и господар.

Господар остаје
на средини, озбиљан,
утонуо у своје мисли.
Пас леже, подрхтава.

Потом други господар,
други пас.

*

А овде сам дете, на балкону.

Два, три детета,
старци, мушкарци, жене: читаво село.

Помаљам се у мраку, између упаљених кандила,
док пролази процесија.

ЗГРАДЕ

Неки пут увече, док пролазим,
кад ме виде како ходам
спуштене главе, зграде
схвате да ми нису довољне.

Тада, као кад излазите из собе
болесника који се успавао,
оставе ме самог ту где сам
у мраку, између зидова и кола.

Идем, а да то не знам, својим путем
утонуо у своју мисао, поносан и тужан
као да никада у животу
нисам подигао очи, никада их видео.

ПАРК

На најдаљем травњаку, удно парка,
исто завијање паса,
ознаке, имена, сигнали,
цвеће се рађа:
све што је скривено
хоће да изађе на видело.
Из сваког отвора излази музика,
сваки цеп света се изврће.

Тада, у огледалу базена,
још су више неме околне зграде,
још затвореније, и тајанственије,
њихове маске.

ПЕТА

И ноћу и дању, овде испод,
полазе и стижу возови.
На тамном ветру тунелâ
надимају се новине и јакне.
Отварају се врата, затварају.
Лица, седишта, торбе:
скрива све, расвета.

Али довољно је да на степеништу међуспрата
искрсне међу ципелама голо стопало
– палац, пета стегнута у сандали –
па да осетиш на себи, као бегунац
фар што га разоткрива, светлост света.

НАСЕЉЕ

Након излаза с аутопута,
где се регионални пут сужава
између редова дудова, наилазите на
гвоздену ограду стамбене
зграде и потом – слева – салаш
са бензинском пумпом,
бифе, радња часовничара.

Није село,
ни заселак: биће дванаест
кућа, с једне и друге стране пута.
Насеље.

Ту смо свако јутро
у колони.

Насред кухиње, у приземљу,
стоји жена
с послужавником у руци.
С тротоара широког
не више од отирача за ноге
две девојке гледају нас
затворене у аутомобилима,
комбијима, аутобусима, камионима.
Изблиза, гледају нас, и ми
гледамо њих
како се њишу на штиклама.

Не можемо да прођемо.
Да останемо, исто.

Ништа се не покреће, нико. Само светлост
на хаубама, на зидовима, на коси,
постаје све светлија.

УМБЕРТО ФЈОРИ:
СВЕТЛОСТ ПОЕЗИЈЕ

Ништа се не йокреће, нико. Само светлости
на хаубама, на зидовима, на коси,
йостаје све светлија.

*

Скрива све, расвета.

(У. Фјори)

У покушају да одредим место поезије Умберта
Фјорија на савременој италијанској песничкој сцени
(деведесетих) послужићу се Перниолиним терми-
ном „неоантичка мисао", који имплицира једну нову
осећајност ослобођену наслеђа романтизма, те јаких
концепата као што су дух, субјекат, ја, али, исто тако,
и претпоставки оног класичног устројства слике света,
које почива на идеалима сталожености, равнотеже,
формалне заокружености. Превазилажење дуализма
романтично/класично и напуштање ове бинарне
парадигме, у чијим границама је често сагледавана
судбина модерне европске књижевности, требало би
да нас изведе из оквира у којима се и поезија налази-
ла од епохе романтизма све до наших дана. Освојити
једну прекласичну, неоантичку сензибилност, или
„стару будућност", то јест отворити се према спо-
љашњем и савременом (али не нужно модерном),
значило би доиста напустити основне каноне модер-
ности (линија XVII–XX) који, на примеру итали-
јанске поезије последње четврти овога столећа,
кулминирају у праксама неохерметизма (неосим-
болизма) и неоорфизма. У том смислу, „Умберто
Фјори је изумео оно што је већ дуго недостајало
Италији: књига средњег тона. Наше столеће про-
текло је у знаку екстремних лиризама, било хер-
метичних или експерименталних, те подигнутих гардо-
ва – једне готово еснафске стилистичке ушанчено-
сти – и великих промашаја или, пак, жаргонске, нар-
цисистичке, испразне поезије. Фјори је, међутим,

пронашао равнотежну тачку, средњи пут, средњи знак једног језика, искрено медитативног, који га смешта на пола пута између имена и ствари..." (Паоло Фебраро)[1]. Фебрарова оцена да је Фјоријева поезија подједнако удаљена од речи и ствари осветљава питање референцијалности које ће се након праксе неоавангарди и њиховог систематског деградирања плана означеног у језику, али и неохерметичке и неоорфичке праксе одбацивања спољашњег, наметнути италијанској поезији као један од главних проблема. Као реакција на ово затварање и интериоризовање, биће фокусирана комуникативна функција поезије, песничко писмо ће све више постајати медијум којим се нешто може саопштити, пренети, и који производи одређен смисао. Крајем осамдесетих, значи, када се Фјори појављује на песничкој сцени, она је, чини се, у неком смислу већ припремљена за њега. Будући да долази из једног субкултурног миљеа[2], неоптерећен тежином литерарне традиције, те са битним искуством комуницирања и отварања, Фјори ће успети да заобиђе све замке званичне и „учене" поезије и њеног прециозног лирског дискурса, те пронаће тај „средњи гон" нове и другачије сензибилности. Но, треба рећи да је, с друге стране, и италијанска песничка традиција, у фигурама песника као што су Сандро Пена и Чезаре Павезе, већ нудила извесну алтернативу доминантним струјама италијанског новечента. Тако гледано, Фјори се не појављује *ex nihilo*, већ на светлом трагу, можда недовољно истицаном и помало маргинализованом, једног „ведрог" и „сунчаног" схватања поезије.

Најупадљивија карактеристика Фјоријеве поезије јесте њена особита наративност, песник нам преноси свима познате ситуације из савременог градског жи-

---

[1] *Poesia* '98, a cura di Giorgio Manacorda, Castelvecchi 1999.
[2] Седамдесетих година Фјори је певач познатог састава *Stormy Six* из Милана. Током осамдесетих наставља да се бави музиком, пише рок критику.

вота, али их увек даје у неком необичном светлу или из неког посебног перцептивног угла. Стихови су неједнаких дужина, спуштају се сасвим слободно низ страницу, готово произвољно, не марећи много за формалну конзистентност песничког текста који је, понекад, на самој граници приповедног говора. Честа понављања поређења и аналогија (стална, али инвентивна, употреба израза „као да", „као кад", „као"), тако типична за његов песнички поступак, те редукција лиричности и метафоричности, каткада до нивоа нултог степена, стварају утисак да се ова поезија пише лако и да јој стално прети опасности да изгуби своју лирску разлику. Међутим, а то је овде важно, наративност није привилегија само прозних дискурзивних пракси, и поезија може бити у великој мери наративна а да при томе не тежи прози да би се, на крају, и претворила у њу (песма-у-прози). Изгледа да се, код Фјорија, ствари одвијају у супротном смеру, не иде се, наиме, од поезије ка прози, него обрнуто, полази се од прозе, од приче, ситуације, од обичног свакодневног говора да би се *дошло до* поетског стања, стиха, *песме*. Песник жели „као сви/ да се изрази", „да буде разговетан/ као ови лепи дани", жели, значи, да у једном заједничком, „обичном" простору, који дели са свима другима – а то су *језички* простор колоквијалног „прозног" говора и *физички* градски простор свакодневног живота – пронађе исходиште поетског. Да би ово постигао, Фјори ће морати да се лиши позиције неког ко говори издвојен и премештен у себе, неку свесну или несвесну инстанцу, или метасупстанцу, мораће да изађе вани, да се помеша са свима (наслов последње збирке се баш тако зове, *Сви*), да оцрта поље колективности из ког ће генерисати своју поезију. Али, треба нагласити да ова колективност неће бити нека надређена и симулирана солидарност, неко моралистичко солидаришуће „ми", него ће, обрнуто, бити остварена једним имперсоналним поступком, уочљивим већ на плану језика: честа употреба неодређених заменица *uno, qualcuno, chiunque, tutti* (један, неко, било ко, сви) или опште колективне ознаке као што је *gente* (свет, људи), те, не увек преводивих на српски, безличних глаголских конструкција у којима појединачни субјекат ишчезава уступајући место чистини/празнини, или једној синкопираној колективној сензацији простора. Овај колективни субјекат, према томе, никада није истакнут у јаком солидарном смислу, овде „ми" не подразумева да смо сви ми једнаки, овде нас чак може, као у песми *Монструми*, везивати управо то што нас ништа не везује (чак ни „зло што је у свима говорило"). Не постоји један издвојени субјекат који стоји по страни, када се стоји по страни, сви то радимо, и у том смислу сви смо ми монструми, оно што се дешава Фјоријевом субјекту, дешава се свима нама. Реч је, заправо, о специфичном „спољашњем" осећању света, осећању „споља" у једном заједничком простору (био то простор речи или ствари). А када настоји да истакне физичност тог простора, његово *где*, Фјори нам то и дословно сигнализира, дајући наслов једној својој песми *Овде*: „а овде се бива, као пас/ остављен у затвореним колима/ на сунцу, на безмало празном тргу." На тај начин песник успева да *створи илузију* да се поставио, да поновимо још једном Фебрарове речи, на пола пута између речи и ствари, и да ово *овде* заиста реферира на неко *тамо* изван текста, изван странице, у пољу нашег физичког конвивијалитета.

Фјори, дакле, као да жели да раскине са оним што је од неоорфизма и неохерметизма остало у италијанској поезији, те креће у сасвим супротном смеру. Ако се поменуте песничке парадигме позивају на „неизрециво", на интуирање неког магличастог света коме приступа има само субјекат, премда ни он у довољној мери да би нам могао у потпуности и пренети то „унутра", „горе" или „доле", дотле је Фјоријева поезија отворена, спољашња, изврнута ка споља, ка светлости, ка нашем колективном дану у коме нема тако мистичних појединачних искустава (иако има, тврди песник, нечујних „унутрашњих земљотреса“) и где субјекат није један, макар био и децентриран, него је колективан и мноштвен, покретљив и безличан, будући да му управо та безличност и мноштвеност омогућују да лакше струји, протиче, односи се на све нас. Након краха великих прича, каже Винченцо Бањоли, „остаје *атмосфера*, епидермска сензација климе, утапање у амбијент и *топографија*, приватна географија...“ или, пак, Нива Лоренцини у предговору Бањолијеве студије[3]: „Што се тиче субјекта, овде смо далеко од једнозначних перспектива (лиризам, интимизам), али и од обичне идеје децентрирања или дисперзије тако драге постмодерним хипотезама: ја, у сталном процесу, јесте *поглед*, осећати значи *осећати споља*, тачка гледишта је колективна, плурализована, проблематична...“

Но, овај колективни хабитус субјекта отвара и питање комуникативности, споразумевања, општења са другим субјектима. Фјори, међутим, не фокусира, иако, чини ми се, подразумева проблем језика као медијума који, по себи, уноси шумове у наше комуникације, већ се интересује за један план који, укључујући и психолошке препреке у нашем споразумевању, задобија, рекао бих, онтолошке димензије. Постоји нека пукотина, неки зев, у нашем бићу, одакле једни другима одашиљемо сигнале који остају непримљени. Бити јасан и разговетан, „као ови лепи дани“, указује нам се само као неуслишена интенција нашег бића, као никада досегнут консензус. У времену у коме је комуникација постала званична идеологија, код Фјорија други остаје заувек затворен у своју другост, говор не успева да прокрчи пут, руши се и хлапи у ваздуху. Свака комуникација завршава се радикалним неразумевањем и промашајем. То, као и „зло у свима нама“, или „монструозност“, заједничка је судбина субјеката, уписана у њихове свакодневне ситуације, и представља околни шум, брујање,

[3] Vincenzo Bagnoli, *Contemporanea. La nuova poesia italiana verso il Duemila*, Esedra editrice, Padova 1996.

ометање испод којег, у његовој обустави, и само тако, песник долази до извора и амбијента поезије.

А амбијентални оквир Фјоријеве поезије јесте град са својим зградама (немим и маскираним протагонистима ове урбане сцене), булеварима, трговима, парковима, трамвајима, прокопима, супермаркетима, надвожњацима..., бетонским вртовима који представљају субјектов простор за живљење. Фјори се, тако, наставља на једну дугу традицију у европској поезији која почиње са Бодлером, првим модерним песником града. Међутим, треба истаћи да Фјори из те традиције не преузима оне њене мрачне тонове, његов град јесте дехуманизован, утваран и хладан („све је тако глатко, тако сјајно“), можда постмодеран и постисторијски, али никада није онај град-монструм у коме субјекту, суоченом са бруталном агресивношћу окружења, не остаје друго него да се радикално реифицира и отуђи. Сем тога, овде није битно који је то град (реч је о песниковом Милану, али би то могао бити и било који савремени европски град), важан је град као место живљења по коме песник хода реагујући на простор својим телесним сензацијама и перцепцијом. Слике града се преламају на субјектовој мрежњачи, ствари и призори, бетонски пејзажи *улазе* ненаметљиво и глатко *у поглед*, оно што је празнина, чистина, неки пут чудесно одсуство људи, претвара се у естетику сабласног где је управо то одсуство оно што највише привлачи и везује субјекат за једно место. Реч је о естетици загонетке, стварност града је овде флуидна и покретљива, једнако као и сам субјекат, имамо заправо два паралелна хода, две променљиве величине, линију субјекта и линију ствари где се однос адеквације никад не постиже. Постоје, пре би се могло рећи, кратки спојеви, повремена укрштања, ових променљивих величина у сталном кретању, протицању, измицању, преливању. Песник успева да неком врстом перцептивних аналогија „обради“ оно што види, да се слободно препусти игри светла и гледања, премештања, очуђавања, кадрирања видљивог, али и да сам постане

100

предмет ове игре светла и перцепције, и да сам буде необичан, кадриран и уписан у слику виђеног. Субјектове очи постају ручна камера којом он, у ходу, возу, или аутобусу пресеца, прекраја и шара простор града. Пролазак воза кроз тунел, смена светла и таме, пример је како кадрирамо простор који проходимо, правећи од стварности биоскоп, од видљивог виђено, низ секвенци и сцена, то јест филм нашег живота у којем смо истовремено и приказивачи и предмети приказаног.

Простор Фјоријевог града пун је светла, повремено преосветљен, преекспониран, све његове површине прекрива нека светлосна опна тајне и енигме, заправо *сйољашњосш у чисйом сйању*. Ту човек често „изостаје“, бива тек „исклизнуће“, само осенчено место на светлосној мапи простора. *Ghost*. Голе површине, слепи зидови, стаклене и бетонске конструкције, пуне празнине и одблесака, за песника су „ствари“, олтари перцепције и градска божанства, истовремено неприступачна и блиска, света и профана: „прати ме добри поглед/ слепога зида или надвожњака/ док ходам...“. Град овде није непријатељска средина, модерна чамотиња која испод површине своје светлосне глазуре скрива мракове и ужасе, него узорак света и простор живљења који је и хладан и топао, и близак и далек, и прозиран и непробојан. *Зид* је немушто и глуво биће, и истовремено саговорник; у овој поезији говори се зиду, али се и говори *са* зидом, зид представља то свéтло и бетонско биће града које као неми кућни дух бди над нашим бивствовањем претварајући га у неку баченост у светло, у *свейлосй свейа*: „У одређено време/ изнад бензинске станице/ голи зид упали се/ и стоји на плаветнилу као месец.“

Стварност је, код Фјорија, дата на некој врсти дистанце која не искључује присан однос са стварима. Ствари можда остају недокучиве и стране (стране и себи, отуда равнодушне и заводљиве), али су субјекту ипак драге и сродне: „Циркулишемо/ у једној присној сцени:/ облаци, зидови, стабла; али не можемо/ да их загрлимо, схватимо до краја./ Далеко смо од правих ствари/ које су око нас./ Правимо грешку." Пејзаж града или „природе", наше окружење, зацело је једна присна сцена, постоје неке телесне сензације, можда читава еротологија клижења тела кроз простор, али, како простор, тако и ствари у њему, само нас привлаче, заводе, остајући нам увек стране, битно дистанциране и повучене у себе, као нека ретрактилна бића која нам измакну чим посегнемо за њима. Ми, дакле, не можемо да „се вратимо" стварима, или, како каже песник, не можемо да их „загрлимо", немамо где да то учинимо јер је реч о једном спољашњем простору, глатком и сјајном, о спољашњим сензацијама без сећања (заборавним, сенилним). Иза ствари нећемо никада наћи њихову кућу у коју бисмо могли да се вратимо, него увек и само чистину, нови спољашњи простор, ново отварање, нову празнину која се понавља, клизи, привлачи, пустињу која нас окружује, али и место с ког говоримо, место поезије. Управо ова апоретска природа субјектове везе са стварима и генерише оно топло-хладно Фјоријеве поезије; с једне стране имамо хладну, белу светлост што својим мембранама прекрива и полира призоре града, с друге, топао, готово нежан, однос према „стварима", према оном што нам ствари понуде, дају од себе – јер свет *се даје* видети, видимо, наиме, само оно што нам свет од себе дâ, нема ту ничег „иза", или ако га има, оно се налази у ономе „испред", сваки се „цеп света изврће", све хоће да изађе напоље, на видело. Свет је сав видљив, превише светао и видљив, и истовремено маска, и то је управо проблем, та радикална евиденција света, *тајча*, или, како каже песник, *скрива све, расвета*.

Дејан Илић

БЕЛЕШКА О ПЕСНИКУ

Умберто Фјори (Umberto Fiori) рођен је у Сарцани 1949, од 1954. живи у Милану. Завршио је философију. Седамдесетих пева и пише песме у бенду Stormy Six, једном од „историјских" италијанских рок састава. Касније сарађује са композитором Луком Франческонијем, пише му текстове и либрета, као и са фотографом Ђованијем Кјарамонтеом. Бави се књижевном и рок критиком. Прва песничка књига, *Зграде*, излази му 1986, потом следе *Примери* (1992), *Објашњења* (1995), плакета *Говорити зиду* (са репродукцијама Марка Петруса, 1996) и *Сви* (1998). Преведен је и на енглески (*Terminus*, 1998). По многима један од најбољих представника италијанске поезије деведесетих.

САДРЖАЈ

ПРИМЕРИ

ОБЈАШЊЕЊА

СВИ

www.ingramcontent.com/pod-product-compliance
Lightning Source LLC
LaVergne TN
LVHW021553080426

835510LV00019B/2492